Mein erstes
Bilderbuch von der Bibel

FSC
www.fsc.org
MIX
Papier aus ver-
antwortungsvollen
Quellen
FSC® C109273

ISBN 978–3–7432–1023–3
1. Auflage 2022
© 2022 Loewe Verlag GmbH, Bühlstraße 4, D–95463 Bindlach
Dieser Titel enthält die z. T. bearbeiteten Einzeltitel
Meine ersten Geschichten von Gott, Geschichten von Jesus und *Die Weihnachtsgeschichte*
(aus der Reihe *Meine erste Bilder–Bibel*) © 2019, 2020, 2021 Loewe Verlag GmbH, Bindlach
Umschlag– und Innenillustrationen: Michaela Heitmann
Umschlaggestaltung: Jennifer Wunderwald
Printed in the EU

www.loewe-verlag.de

Annette Neubauer
Michaela Heitmann

Mein erstes Bilderbuch von der Bibel

Inhalt

Die Schöpfungsgeschichte

Am Anfang gab es nichts.
Es gab kein Licht und keine Dunkelheit, keine Blumen
und keine Bäume, keine Tiere und keine Menschen.
Dann erschuf Gott die Sonne, den Mond und die Erde
und erweckte alles zum Leben.

Adam und Eva im Paradies

Adam und Eva waren die ersten Menschen.
Sie lebten in einem wunderschönen Garten mit Vögeln,
Fischen und Früchten. Die beiden waren sehr glücklich,
denn sie hatten alles, was sie sich wünschten.
Es war das Paradies auf Erden.

Die Arche Noah

Bald fingen die Menschen an zu
lügen, zu stehlen und zu streiten.
Das gefiel Gott überhaupt nicht.
Nur ein Mann namens Noah lebte in Frieden
mit sich und allen anderen. Gott sagte zu ihm:
„Nimm deine Familie und die Tiere. Steige in ein großes
Boot und bringe dich in Sicherheit. Denn ich werde eine
große Flut schicken!" So wurde Noah gerettet und mit
ihm alle Tiere, die es heute auf der Welt gibt.

Der Turmbau zu Babel

Die Menschen bauten einen Turm bis in den Himmel.
Alle sprachen dieselbe Sprache und kamen mit der
Arbeit schnell voran.
Doch Gott gefiel nicht, was die Menschen machten.
„Was werden die Menschen noch alles bauen?",
fragte Gott zornig und verstreute die Menschen
über die ganze Erde. Seitdem sprechen
die Menschen verschiedene Sprachen
und können nichts mehr errichten,
was zu groß für sie ist.

Moses wird gerettet

Damals lebten viele Israeliten in Ägypten.
Weil der ägyptische König Angst hatte, dass sie zu viele
werden könnten, befahl er, alle neugeborenen Jungen zu
töten. Um ihn zu retten, legte eine israelitische Mutter
ihren kleinen Sohn in einen Korb und versteckte ihn am
Ufer eines großen Flusses. Eine ägyptische Königstochter
entdeckte das Kind, beschützte es vor den Soldaten und
zog es auf. Später nannte sie den Jungen Moses.

Die Zehn Gebote

Moses übernachtete mit seinem Volk in einer Wüste.
Da sagte Gott: „Geh allein auf einen Berg!" Moses zog los.
Als er den Berg hinaufstieg, kam eine weiße Wolke und
verhüllte alles. Moses stieg weiter durch den Nebel.
Auf der Bergspitze gab Gott Moses Regeln, nach denen
alle Menschen leben sollen. Heute nennen wir diese
Regeln die Zehn Gebote.

Daniel in der Löwengrube

Eines Tages machte ein großer König ein Gesetz:
Niemand durfte mehr zu Gott beten und ihn um etwas
bitten. Auch Daniel hörte davon, aber er glaubte fest an
Gott und betete weiter zu ihm. Zur Strafe wurde Daniel
abends in eine Grube mit Löwen gesperrt. Als der König
am nächsten Morgen wieder nach ihm sah, lebte Daniel
noch. Gott hatte einen Engel gesandt und ihn vor den
Löwen geschützt.

David und Goliath

Einmal wurde das Volk der Israeliten von einem Feind umzingelt. Doch keiner traute sich, gegen Goliath, den größten Soldaten, zu kämpfen. Da meldete sich David, ein Bauernjunge, und wollte gegen ihn antreten.
David hatte keine Rüstung und kein Schwert, sondern nur eine Schleuder und glaubte fest an Gott. Direkt mit dem ersten Stein traf er Goliath an der Stirn. Der Soldat taumelte und fiel hin. So gewann der kleine Bauernjunge mit Gottes Hilfe den Kampf gegen den großen Goliath.

Jona und der Wal

Jona floh auf einem großen Schiff vor Gott.
Da schickte Gott einen schweren Sturm. Die Matrosen
packten Jona und warfen ihn in die Wellen. Sofort
wurde das Meer ruhig. Gott schickte einen Wal, um
Jona zu retten. Der Fisch öffnete sein Maul und nahm
Jona in sich auf. Nach drei Tagen gab Gott ein Zeichen
und der Wal spuckte Jona wieder ans Ufer.

Bibelstellen zum Nachschlagen:

Genesis 1

Genesis 2

Genesis 6,5–8,14

Genesis 11,1–11,9

Exodus 2,1–2,10

Daniel 6,17–6,25

I. Samuel 17,1–17,53

Exodus 19,1–20,17

Jona 1,3 und 2,1–2,11

Von der Geburt Jesu

Der Engel Gabriel

Gott schickte den Engel Gabriel auf die Erde. Er hatte
eine wichtige Nachricht für eine junge Frau namens Maria.
„Fürchte dich nicht. Du wirst einen Sohn zur Welt bringen.
Gib ihm den Namen Jesus!", sagte der Engel. Maria vertraute
ihm und spürte, dass Gott die Menschen liebt.

Der Weg nach Bethlehem

Eines Tages wollte der Kaiser wissen, wie viele Leute in seinem Reich leben. Deswegen mussten alle Bewohner des Landes dahin gehen, wo sie geboren wurden, um sich zählen zu lassen. Auch Maria und Josef verließen ihr Haus und machten sich auf den Weg nach Bethlehem.

Die Ankunft

Maria und Josef reisten mit einem Esel.
Das war anstrengend, weil der Weg lang und steinig war.
Als sie in Bethlehem ankamen, waren alle Zimmer belegt.
Nirgends war für die beiden ein Platz zum Schlafen.

Im Stall

Schließlich fanden Maria und Josef einen warmen Stall, in dem sie übernachteten. Dort legten sie sich neben einem Esel und einem Ochsen ins Stroh und ruhten sich aus. Maria und Josef schliefen schnell ein. Doch bald wachten sie wieder auf, denn Maria bekam ihr Kind.

Die Hirten am Feuer

In der Nähe des Stalls hüteten Hirten
ihre Schafe. Es war dunkel und kalt.
Nur das Feuer wärmte die Männer ein wenig.
„Warum müssen wir hier draußen sitzen?",
fragte ein Hirte. „Weil wir kein Zuhause haben",
antwortete sein Freund.
„Wir haben nur die Schafe
und unsere Kleider."

Frieden auf Erden

Plötzlich wurde das Feuer ganz groß und hell.
Funken sprühten und ein Engel erschien den Hirten.
„Fürchtet euch nicht! Heute ist der Sohn Gottes geboren.
Geht nach Bethlehem." Dann erschienen noch mehr Engel
und sangen vom Frieden auf der Erde. Die Hirten freuten
sich und zogen los.

Ein großer Stern

Nach einer Weile entdeckten die Hirten zwischen
den vielen kleinen Sternen einen großen Stern,
der viel heller schien als die anderen.
„Dort müssen wir hin!", sagte einer von ihnen.
Sie gingen weiter und sahen einen Stall.
In den Fenstern brannte Licht.
Die Hirten waren an ihrem Ziel.

Der neue König

Auch drei Sternendeuter zogen los und folgten dem hellen
Stern. In ihrem Gepäck hatten sie wertvolle Geschenke.
Sie wussten nicht, wohin der Stern sie führte. Aber
bald sahen sie den beleuchteten Stall und erkannten:
Sie hatten einen neuen König gefunden.

Das Kind in der Krippe

Als die Sternendeuter in den Stall kamen, sahen sie
das Kind in der Krippe. Der Sohn Gottes war geboren!
Die drei Männer gaben Maria und Josef ihre kostbaren
Geschenke. Dann knieten sie sich hin, um zu beten und
Gott zu danken.

Bibelstellen zum Nachschlagen:

Lukas 2,1–2,5

Lukas 1,26–1,38

Matthäus 2,11

Matthäus 2,10–2,11

Matthäus 2,1–2,2; 2,9–2,10

Lukas 1,26–1,38

Lukas 2,8

Lukas 2,9–2,12

Lukas 2,6–2,7

Geschichten von Jesus

Der Sohn Gottes

Vor langer Zeit wurde in einem Stall ein Kind geboren.
Seine Eltern, die Maria und Joseph hießen, legten es in
eine Krippe mit Stroh. Bald kamen Hirten und weise Männer
mit Geschenken. Sie sahen den Jungen und wussten:
Der Sohn Gottes ist auf die Welt gekommen.

Jesus im Tempel

Als Jesus zwölf Jahre alt war, ging er in einen Tempel.
Dort waren kluge Männer, die schon viel gelesen und gesehen
hatten. Doch Jesus konnte alle ihre Fragen beantworten.
Dabei war er viel jünger als sie. Die Männer wunderten sich:
Woher wusste Jesus nur so viel? Bald erkannten sie,
dass er ein ganz besonderer Mensch war.

Jesus
wird getauft

Eines Tages ging Jesus zu
Johannes. Johannes lebte in der Wüste
und betete oft zu Gott. Jesus bat Johannes,
ihn zu taufen, weil Gott es so wollte. Also stiegen die
beiden in einen Fluss und Johannes goss Wasser über Jesus.
Da schickte Gott den beiden ein Zeichen: Eine Taube erschien
am Himmel. Denn Gott freute sich über das, was er sah.

Die Bergpredigt

Von überallher kamen Menschen zu Jesus.
Er lehrte sie, mit Gott zu sprechen. Einmal stieg er
auf einen Berg und setzte sich auf einen Felsen.
Er sagte den Menschen, dass sie wie das Licht der
Welt sein sollen. Denn nur das Licht leuchtet in
der Dunkelheit und nur die Liebe macht das
Leben schön.

Die Heilung des Blinden

Auf einer Straße saß ein Bettler. Er war blind und
hatte seine Augen verbunden. Als er Jesus kommen
hörte, rief er: „Jesus, bitte mach mich gesund!
Ich will wieder sehen können!"
Jesus ging zu ihm und sagte: „Du bist gesund."
Der Blinde nahm die Binde von seinen Augen.
„Ich sehe. Wie ist das möglich?"
„Du hast an mich geglaubt", antwortete Jesus.
„Deswegen bist du geheilt."

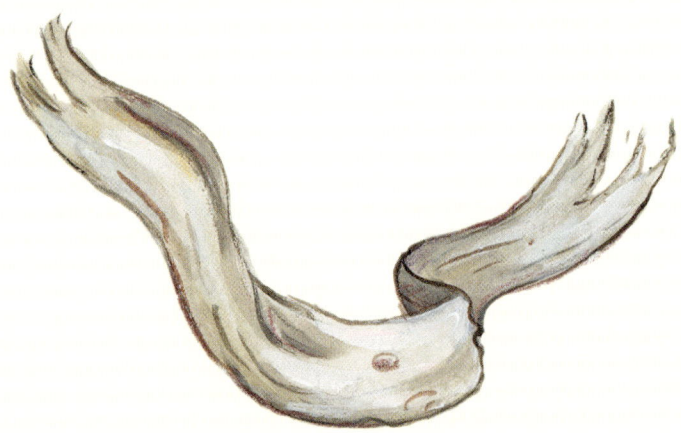

Alle werden satt

Einmal versammelte sich eine große Menschenmenge um Jesus. Es wurde Abend und die Menschen hatten Hunger und Durst. Aber es gab nicht genug zu essen und zu trinken. Da nahm Jesus Fisch und Brot. Er brach das Essen in kleine Stücke und verteilte es an die Menschen. Wie durch ein Wunder gab es plötzlich genug und alle wurden satt.

Jesus und die Kinder

Jesus mochte Kinder sehr. Sie kamen zu ihm und er segnete sie. Einmal sagte er zu seinen Jüngern: „Werdet wie die Kinder und ihr kommt in den Himmel." Die Jünger wunderten sich. Wie sollten sie wie die Kinder werden? „Nehmt euch, euer Leben und eure Wünsche nicht wichtig. Dann kommt ihr zu Gott", erklärte Jesus. Da verstanden die Jünger, was Jesus meinte.

Das letzte Abendmahl

Kurz vor seinem Tod aß Jesus mit seinen Jüngern
zu Abend. Er nahm das Brot, brach es und sagte:
„Esst alle davon. Ich werde bald sterben, ihr aber
werdet weiterleben." Jesus war sehr traurig.
Er wollte, dass seine Jünger ihn nach seinem
Tod nicht vergaßen.

Jesu Auferstehung

Als Jesus gestorben war, wurde er in ein Grab gelegt.
Nach drei Tagen kamen Menschen an das Grab und
wunderten sich, weil es leer war. Da erschien ihnen ein
Engel und sagte: „Was sucht ihr Jesus bei den Toten?
Er ist bei seinem Vater." Die Menschen freuten sich sehr.
Jesus war auferstanden und lebte. Er war in den
Himmel zurückgekehrt.

Bibelstellen zum Nachschlagen:

Lukas 2,1–2,7

Lukas 2,41–2,50

Markus 10,13–10,16

Lukas 9,11–9,17

Lukas 24,1–24,8

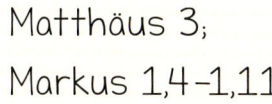

Matthäus 3;
Markus 1,4–1,11

Matthäus 26,20–26,90

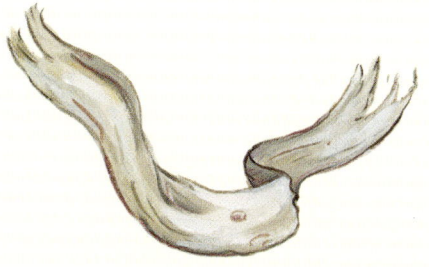

Markus 10,46–10,52;
Lukas 18,35–18,43

Matthäus 5,1–7,29

ISBN 978-3-7855-8473-6

Die Ostergeschichte

Ostern ist neben Weihnachten das wichtigste christliche Fest.
Doch was feiern wir eigentlich zu Ostern?
Davon berichtet die biblische Ostergeschichte, die hier in einfachen Sätzen und stimmungsvollen Bildern den Kleinsten nahegebracht wird. Sie erzählt die traurige und zugleich hoffnungsvolle Geschichte von Jesus Christus, von seinem Einzug in Jerusalem, dem letzten Abendmahl mit seinen Freunden bis hin zu seiner Kreuzigung und Auferstehung.

Die Passionsgeschichte einfühlsam und kindgerecht nacherzählt.

ISBN 978-3-7855-8492-7

Meine große Kinderbibel

Von Gott und den Menschen erzählt diese Kinderbibel.
Von der Erschaffung der Welt, von Noah und seiner Arche oder aber von
der Geburt Jesu und all seinen Wundern wird berichtet. Die bekanntesten
und bedeutendsten Geschichten aus dem Alten und Neuen Testament
sind hier versammelt. Die kindgerechte Nacherzählung dieser Texte sorgt
zusammen mit stimmungsvollen Illustrationen für anregende
Vorlesestunden, egal ob in der Familie, der Gemeinde
oder in Schule und Kindergarten.

Mit einem Vorwort der Religionspädagogin Dr. Ingrid Wiedenroth-Gabler.